Yo Hablo Bajito

¡No Grito!

Mi Increíble Serie de Comportamiento Para Niños Pequeños

Un Libro de Afirmaciones para Niños Pequeños Sobre No Gritar

(edades 2-4)

Por
Suzanne T. Christian

TWORAVENS
BOOKS

Two Little Ravens
CHILDREN'S NON-FICTION BOOKS

ISBN de la edición en tapa blanda: 9781964202952
ISBN de la edición en tapa dura: 9781964202969
ISBN de la edición digital: 9781964202976

Publicado en los Estados Unidos por Two Ravens Books LLC,
254 Chapman Rd, Ste 209, Newark DE 19702

'Ampliando mentes, liberando imaginaciones, una obra a la vez'.
www.tworavensbooks.com

Bienvenido a
Yo Hablo Bajito. ¡No Grito!

Este libro es un pequeño tesoro lleno de frases sencillas y encantadoras, creadas especialmente para los más pequeños. Al recorrer sus páginas juntos, tu niño o niña descubrirá lo importante que es hablar en voz baja en lugar de gritar.

Cada página está llena de ilustraciones alegres y mensajes positivos que fomentan la calma, el respeto y la reflexión. Si lees este libro con tu pequeño a menudo, notarás cómo, poco a poco, su comportamiento mejora y aprende a comunicarse mejor, ¡porque la repetición es una herramienta de enseñanza comprobada!

¡Prepárate para una aventura llena de emociones, paz y mucha diversión junto a tu pequeño!

Suzanne T. Christian

Por la mañana, me despierto sin hacer ruido. No grito.

¡Así el día empieza agradable y tranquilo!

En el autobús escolar,
hablo bajito con mis amigos.
No grito.
¡Eso hace el viaje más divertido para todos!

En la biblioteca,
les susurro a mis amigos...
¡como un ¡Ninja súper silencioso!

A la hora del cuento, escucho con
atención y sin hacer ruido.
¡Las historias son más emocionantes
cuando oímos cada palabra!

Haciendo manualidades,
comparto mis ideas en voz bajita.
¡La creatividad florece mejor en calma!

Cuando un adulto está hablando
por teléfono, yo hablo bajito.
No grito.

En el consultorio del doctor, espero con
calma y en silencio.
¡Eso ayuda a que todos se sientan mejor!

Si veo a un adulto trabajando, hablo suave. No grito.
¡Uso mi voz bajita!

En una videollamada, hablo
en voz baja. No grito.
¡Así todos puedan
escucharse clarito!

En el museo, hablo bajito.
¡A los museos les encantan
los visitantes que hablan a media voz!

En el zoológico,
señalo a los leones en voz baja.
¡Los leones ya rugen suficiente!

En el supermercado, pido las cosas con amabilidad.
¡Así, ir de compras se vuelve una aventura divertida!

En el parque, juego con cuidado.
Aquí sí puedo hablar fuerte...
¡Nos divertimos mucho más
cuando jugamos amigablemente!

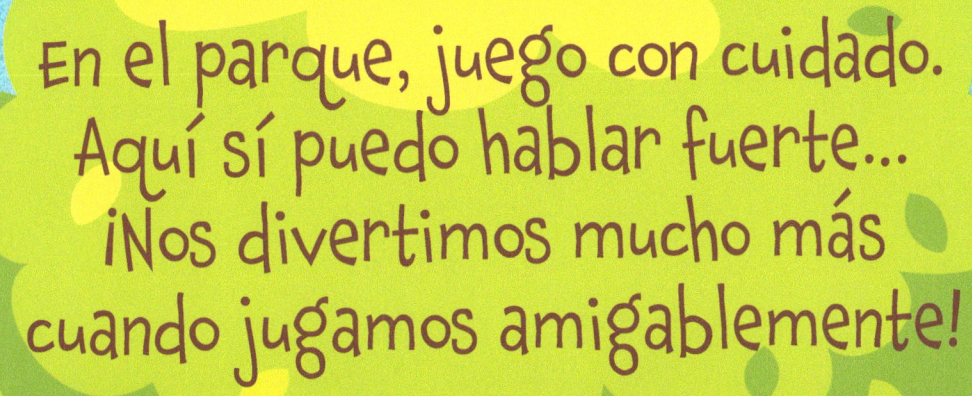

En el patio de juegos,
espero mi turno en silencio.
¡Turnarse es súper divertido!

Cuando juego a las escondidas,
me quedo calladito y no grito.
¡Así mi escondite sigue siendo un secreto!

En el cine, me rio bajito. Las películas son mucho mejores cuando no grito.

Cuando visito a los abuelos, hablo en voz baja.
No grito. ¡Y todos están felices!

En el restaurante, hablo suavecito.
¡Eso hace que la cena
sea divertida para todos!

En el coche, hablo en voz baja.
No grito. ¡Así el viaje es más divertido para todos!

Cuando mi hermanita duerme
la siesta hablo bajito.

¡Las siestas nos
ayudan a crecer!

Cuando construimos un fuerte, susurro.
¡Así nuestro fuerte queda en secreto!

En la mesa, hablo en voz baja.
¡La cena sabe aún más deliciosa
con voces calmadas!

A la hora de acostarse,
digo buenas noches en voz baja, sin gritar.
¡Eso ayuda a que todos duerman muy bien!

Yo Hablo Bajito.

¡No Grito!

¡Fin!

Mi Increíble Serie de Comportamiento Para Niños Pequeños

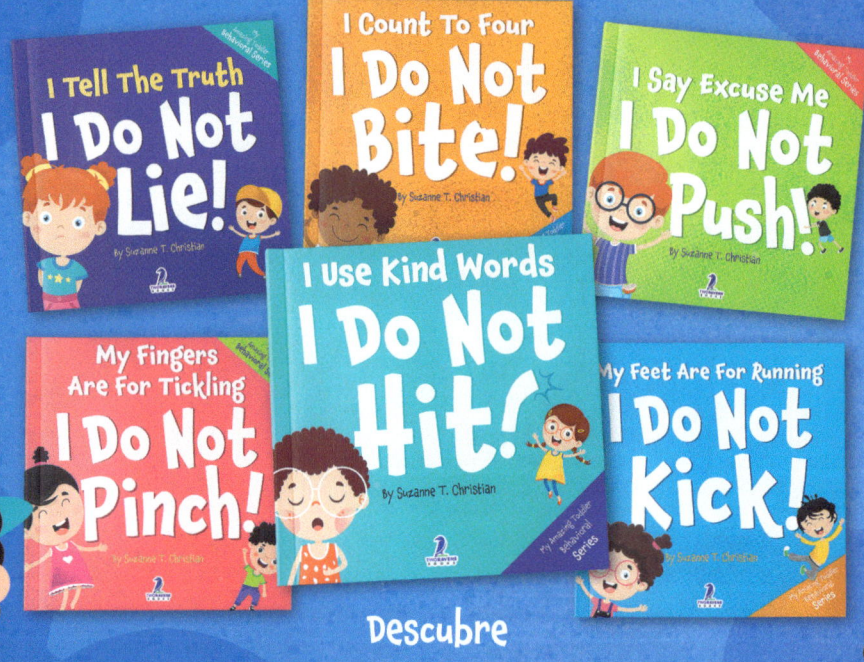

Descubre
la querida serie de Suzanne T. Christian
'Mi Increíble Serie de Comportamiento
Para Niños Pequeños.'
¡Los pequeños lectores seguramente la disfrutarán!

Two Little Ravens
CHILDREN'S NON-FICTION BOOKS

Querido y Maravilloso Lector:

Qué alegría que estés aquí, acompañándome en **"Yo Hablo Bajito, ¡No Grito!"** Muchas gracias por sumergirte en esta aventura. Si este libro tocó tu corazón o marcó una diferencia para un pequeño lector, te invito a compartir tus opiniones en una reseña. Tus palabras no solo me inspiran para mi trabajo futuro, sino que también ayudan a otros a descubrir la magia de estas páginas.

Si tienes ideas o sugerencias para hacer este libro aún más especial, ¡me encantaría escucharlas! Escríbeme a **suzanne.christian@tworavensbooks.com.** Tu opinión es un tesoro y la valoro con todo el corazón.

Con cariño y gratitud,